AF417647

EL LIBRO QUE CAMBIÓ MI VIDA

María López Navarret

ÍNDICE

Prólogos 7

Dedicatorias y agradecimientos.............................. 9

Introducción 10

La importancia de sentirse bien............................. 11

La importancia de los pensamientos y de las
emociones 13

La vida es maravillosa 16

Los pensamientos son cosas 18

La escucha atenta 21

La aceptación de uno mismo.................................. 27

Lo que no quiero también lo atraigo 31

Mi experiencia 40

La felicidad es innata en ti 45

Las sensaciones y las emociones 50

La gratitud: la fuente de toda la abundancia............ 56

Libros y autores recomendados 68

PRÓLOGOS

El Secreto sin duda es el libro más influyente de los últimos 50 años y La ley de la Atracción una de las leyes más poderosas del Universo.

Soy Filósofo además de escritor y puedo asegurarles que María López Navarret en este libro ha aclarado todas las dudas que puedan haber tenido las personas que hayan leído el impresionante trabajo de Rhonda Byrne, The Secret.

Después de leer este trabajo con detalle he descubierto que los lectores encontrarán en él ideas claras y directas que les ayudarán no solo a comprender que sus pensamientos son magnéticos sino que son arquitectos de su propia vida.

Recomiendo efusivamente la lectura de este libro, les ayudará mucho a controlar sus vidas a través de sus pensamientos, atrayendo personas y circunstancias que les harán conseguir todo lo que siempre han soñado, incluso cosas que jamás se atrevió a soñar.

Mi experiencia me dice que solo tomando consciencia de lo que somos podemos tener una vida plena, por eso no duden en entrar en el mundo de las personas que deciden controlar sus vidas y no dejar que otras personas o las circunstancias lo hagan por ellos.

Ser o no ser feliz es una decisión personal. Con la lectura de este libro está más cerca de comprender las claves que le permitirán vivir una vida plena.

Eduardo Sánchez
Representante de El Secreto para España y Latino América
www.thesecret.es

Recomiendo el libro que tienes entre manos porque a mí el mensaje me ha llegado. No he leído "El Secreto" de Rhonda Byrne, pero lo haré. Tengo que reconocer que soy escéptica en algunas cuestiones, pero la voz sencilla y pura de María López Navarret, la ilusión y entusiasmo que ha depositado en las páginas que siguen, ha tocado una tecla en mi corazoncito. Me ha ayudado a abrir los ojos y a mover con decisión las piernas. Tendemos, a menudo, a caminar ciegos y sin rumbo, esclavos de una rutina frenética que nos ha impuesto este sistema de vida, del que hoy más que nunca nos estamos rebelando. La revolución social está en marcha. Hagamos también una revolución individual e interior. Cambiemos el orden de prioridades que hasta ahora nos han vendido. Abramos nuestra mente y nuestro corazón, desechando lo que sobra, ignorando lo superfluo. Es una cuestión de actitud y confianza. Seremos más felices, sin duda. María nos relata su experiencia con la naturalidad e inocencia que muchos hemos perdido en el camino. Ella nos muestra otra senda. Sigámosla y aprenderemos a *no vivir por defecto, automáticamente*.
Gracias María.

Elena Marzo
Autora de la novela *GOLINDA (Escribir o Morir)*
www.elena-marzo.blogspot.com

DEDICATORIAS Y AGRADECIMIENTOS

Este libro va dedicado a mi familia, a mi gata Hada, a mi pareja que me lleva apoyando incondicionalmente desde hace más de 15 años y a sus perros, a mis muchas amigas y amigos de verdad. A mis compañeros y amigos de trabajo que son maravillosos.

También quiero agradecer a mi Coach y amiga Mari Carmen Navarro Millán todos los objetivos, logros y propósitos más elevados que he conseguido gracias a su sabiduría y a sus preguntas inteligentes (yo diría superdotadas). Gracias, guapa.

A todo el equipo de BUBOK, gracias por cumplir mi sueño, la publicación de mi primer libro.

A TODOS, MUCHÍSIMAS GRACIAS. OS QUIERO MUCHO.

También se lo dedico a Rhonda Byrne (y a todos los que hicieron posible "El Secreto") ya que fue su libro y posteriormente el DVD el que me ayudó a transformar mi vida. También va dedicado a los que hacen posible la página oficial de "El Secreto" en España por difundirlo y continuar con la labor de concienciación mundial.

INTRODUCCIÓN

La finalidad u objetivo (la misión) de este libro es que llegue a todo el mundo de una manera fácil y sencilla. Quiero que sea sencillo y fácil de comprender y también, que se puedan aplicar de una manera muy clara, fácil y sencilla sus conceptos. Quiero que ayude a crecer a todo el mundo (especialmente a aquellos que estén dispuestos a cambiar y a crecer).

Deseo de todo corazón que este libro ayude a sentirse bien al que lo lea, a ser feliz, a llenarse de bienestar y amor a todo el mundo. Quiero que todo el mundo aprenda a ser consciente de su vida y a crearla deliberada y conscientemente. Quiero que todo el mundo cree (crear) y tenga el bienestar, la felicidad, la abundancia y prosperidad ilimitadas en todas sus áreas y la vida feliz que se merecen.

Sí, en definitiva y resumiendo, quiero que aprendas a ser un creador deliberado y consciente y dejes de vivir por defecto, automáticamente.

LA IMPORTANCIA DE SENTIRSE BIEN

Cuando una persona se siente bien (y ésta es la clave de la vida y de conseguir todos tus deseos, logros, objetivos, etc...) atrae a su vida todo aquello que desea. Es así, siempre ha sido así. Sencillo. Lo que pasa es que lo estamos descubriendo ahora; creo que porque es la era del conocimiento y hay más información que nunca antes en toda la historia.

En la actualidad hay millones de personas aplicando esta antigua sabiduría y con resultados increíblemente positivos y "milagrosos".

Mi intención no es decir a nadie lo que tiene que pensar, ni sentir, ni cómo, ni lo que tiene que hacer, la vida pertenece a cada uno y a nadie más. Cada uno elegirá su "destino" mediante sus pensamientos y sentimientos y la atención que les preste.

Mi intención y objetivo principal (el motivo principal por el cual escribí este libro) es que amo al mundo y al servicio y deseo de todo corazón que todo el mundo sea más consciente, si quiere serlo, y dejen de *vivir por defecto* (automáticamente) para empezar a vivir como *creadores deliberados y conscientes de su realidad.*

Permíteme que a partir de ahora y hasta el final de este libro te tutee, ya que así estaremos creando un vínculo de unión y sentirás que este libro *ESTÁ DISEÑADO PARA TI*. Sí, te estoy hablando a ti, que has decidido y elegido cambiar tu vida (y tus pensamientos), sino no estarías leyendo este libro ahora.

Eres la única persona responsable de tu vida. Quiero que el mundo sea consciente del gran potencial ilimitado que todos tenemos en nuestro interior y que es nuestro derecho de nacimiento. Solo tenemos que declarar que lo queremos y aceptarlo con amor y gratitud.

Lo que pretendo con este libro es poder ayudar a todas las personas del mundo -que deseen ser ayudadas y quieran crecer- y que deseen cambiar, transmitiendo algunos conocimientos que he adquirido durante estos últimos años a base de muchas lecturas, numerosos estudios y cursos que he realizado. Sobre todo practicando y experimentando, que es realmente como el conocimiento se hace consciente y real, se hace tuyo propio, ya no es de otros, sino tuyo. Lo conviertes en tu forma natural de ser.

Quiero que el mundo sea consciente de que es posible el cambio siempre que uno esté dispuesto a hacer el esfuerzo interior necesario para cambiar y permitirlo.

LA IMPORTANCIA DE LOS PENSAMIENTOS Y DE LAS EMOCIONES

Toda tu vida actual, te guste o no, se origina en ti, en tu interior. Es decir, todo en esta vida lo creas y lo atraes a través de tus pensamientos y sentimientos.

Posteriormente, hablaremos de todo ello más detenida y detalladamente.

Descubrirás lo importantes que son los pensamientos positivos y los sentimientos. Juntos (pensamientos y sentimientos) forman una combinación muy poderosa y atractiva (en el sentido de atracción), es decir, a través de los pensamientos con sentimiento creas y atraes hacia ti todo lo que quieres o todo lo que no quieres tener en tu vida, personas, cosas, situaciones, experiencias, etc... Se trata de la atención que prestes a lo que sí quieres... o a lo que no quieres, depende de ti y no de los demás.

Es importante decidir y elegir vivir *conscientemente* en lugar de hacerlo *"por defecto"*. Es decir, vivir *AHORA, EN EL MOMENTO PRESENTE,* dándote cuenta ahora de este magnífico y precioso instante y al mismo tiempo sintiendo tus emociones y tu energía.

Sintiéndote bien, se trata de esto, de sentirse bien en todo momento.

El 2008 fue un año de estos que nadie quiere tener (ni tú, ni nadie), "muy malo", hasta que llegó de repente a mi vida el libro de *"EL SECRETO" de RHONDA BYRNE*, un libro mágico y maravilloso; fue una bendición para mí y me fascinó. Este libro cambió totalmente mi forma de ver y experimentar la vida. Nunca pensé que fuera tan bonito, sencillo y fácil vivir. Ahora veo la vida y el regalo de poder respirar, poder ver, hablar, caminar, sentir, oler, cada día como un don, un regalo.

Este libro me habla de cosas maravillosas, como el amor, la gratitud, la abundancia ilimitada, la riqueza, la Ley de la Atracción, creación a través de los pensamientos y sentimientos positivos, energía, espiritualidad, el alma, el poder interior... me habla de la magnificencia de la vida y, de repente, se me abrieron los ojos y mi perspectiva de la vida cambió por completo. Aunque eso sí, de manera paulatina y sigue formando parte de mi vida hasta hoy.

Entiendo que cada día, cada nuevo día, aprendo más cosas y creo (crear) *conscientemente* más cosas. La vida es un continuo aprendizaje que es para toda la vida. !Es maravilloso y muy divertido!

Una vez que tomas la decisión es muy fácil y sencillo, es natural y habitual en ti, forma parte de ti, de tu forma de ser. Solo necesitas 21 días para crear un hábito en tu vida, lo hacemos con el carnet de conducir y con todas las cosas que experimentamos ¿por qué no hacerlo para diseñar y crear nuestras vidas para lo mejor?

Este concepto de la Ley de la Atracción y toda la magia que conlleva me entusiasmó desde que leí el libro de "El Secreto" y me sirvió para replantearme la vida de otra manera. Ahora soy una creadora deliberada y consciente.

REALMENTE CAMBIÓ MI VIDA PORQUE YO CAMBIÉ INTERIORMENTE Y APLIQUÉ LO QUE APRENDÍ Y LO HAGO CADA DÍA NATURALMENTE.

Por este motivo escribo este libro para que te pueda ayudar y sea beneficioso para ti y para todo el mundo.

Insisto mucho en ello porque cuantas más personas estemos dispuestos a crecer y a cambiar internamente (donde los cambios son más reales y profundos), también el mundo exterior cambiará.

Deseo que haya un aumento de consciencia porque es necesario para nuestra salud y la de nuestro planeta.

LA VIDA ES MARAVILLOSA

En realidad la vida es magia, es hermosa, es divertida, es grandeza, es pura bondad, es felicidad y bienestar, es armonía, es paz, es una salud perfecta, es abundancia y prosperidad ilimitadas. Podemos crearla como queramos pero con consciencia de que la creamos nosotros en nuestra mente y con nuestro corazón.

LA VIDA ES UN REGALO DE AMOR, UN DON QUE SE NOS OTORGA Y SE NOS ENTREGA PARA QUE LA DISFRUTEMOS Y LA VALOREMOS CON AMOR Y FELICIDAD.

Es cierto, estamos aquí para ser felices, no para sufrir. Es nuestro derecho de nacimiento. Es tuyo desde que naces el bienestar, la felicidad y todo lo que necesitas está en tu interior. Siéntelo. Obsérvalo. Escúchalo. Siempre está ahí.

Creo que todos podemos sentir y ver la vida con su colorido, su hermosura, su grandeza y magnificencia sin igual, hay que bendecirla con amor y alabarla cada día. Es un regalo, un don y un regalo que se nos otorga cada nuevo día, así que ¿por qué no disfrutarlo y crearla **conscientemente**?

Creo firmemente que para poder ser feliz y darte cuenta de lo que tienes a tu alrededor primero has de mirar dentro de ti, en tu interior. Has de sintonizar con tu "ser interior" o "fuente de energía", ese ser más vasto, antiguo y eterno que sabe quién eres realmente (eres tú, pero desde tu perspectiva más amplia). Todos lo tenemos y solo hay que permitir que aflore mediante la meditación, la observación y la escucha atenta y amable.

La meditación es un hábito muy importante en mi vida, ya que permito que fluyan todo tipo de pensamientos, simplemente los observo, sabiendo que no soy ellos y me permite llegar a un nivel de consciencia y de paz que jamás había pensado, ni tan siquiera soñado. Además, hay numerosos estudios sobre la meditación y sus beneficios. Reduce el estrés y te da mucha serenidad y paz (bienestar). Hace que el lado izquierdo (lógica) y derecho (intuición) se unan.

Permítete ser. Sentirte. Sentir esa energía que tienes dentro de ti y la luz que somos.

LOS PENSAMIENTOS SON COSAS

"TODO LO QUE SOMOS ES EL RESULTADO DE LO QUE HEMOS PENSADO", BUDA.

Lo primero que has de saber y tener en cuenta es que los pensamientos son energía y vibran en diferentes frecuencias. Todos los pensamientos se transforman en cosas a través de los sentimientos y emociones. Los **pensamientos emocionales** son los que, en realidad, forman y crean tu vida actual, casi instantáneamente en ocasiones.

Es decir, *LO QUE PIENSAS, SIENTES Y CREES ES LO QUE CREAS EN TU VIDA.*

Nosotros creamos cada día, a cada segundo, nuestra realidad presente, nuestro futuro: ¿cómo? Mediante la *ATENCIÓN.*

Aquello a lo que prestes atención es lo que se manifestará en tu vida, porque con tus pensamientos y tus sentimientos estás permitiendo que entre en tu vida, tanto si te gusta como si no te gusta. Somos el resultado de lo que hemos pensado con anterioridad.
BUDA lo explicó muy bien: ***"Somos lo que pensamos. Todo lo que somos surge de nuestros***

pensamientos. Con nuestros pensamientos creamos el mundo en el que vivimos".

Todo lo que tienes y ves a tu alrededor, en tu mundo exterior, lo has creado tú, en tu mundo interior. Tu mundo interior es el más importante, es donde se origina todo (es la causa y las causas nunca se ven) porque todo lo que hay en tu interior sale hacia el exterior. ***El mundo es desde dentro hacia fuera***.

El mundo exterior es el efecto de tus pensamientos; los efectos sí se ven, la causa está en tu mente.
Ésta es otra de las leyes universales que has de conocer para poder jugar con ventaja "La Ley de la Causalidad": causa - efecto.
Por ejemplo, el dinero es un efecto y la abundancia o carencia de él es la causa, porque está en la mente. Se trata de tener una consciencia próspera y abundante.

Dicho de otro modo, ***hay que cambiar las causas (interior) para que cambien los efectos (exterior).***

Cuando te des cuenta de esta clave vital para la creación de tu realidad vivirás una vida de plenitud, de bienestar, prosperidad y abundancia ilimitadas y de una felicidad inigualable y feliz. Serás un creador deliberado y consciente. Vivirás una vida que va más allá de tus expectativas, ilusiones y de lo que pudieran pensar o decirte otros, o incluso, lo que hayas podido pensar tú.

Además, te dará igual lo que te digan o hagan porque *sabes que solo tú creas tu realidad*. No puedes crear la realidad de otros porque no sabes sus pensamientos más íntimos ni sus sentimientos. No sabes por qué actúan de esa determinada manera, quizás no saben hacerlo de otra manera o han aprendido así generación tras generación y lo hacen lo mejor posible en ese momento y situación. No puedes pensar ni sentir por otros. Simplemente no eres ellos.

Lo mejor es respetar, bendecir con amor todo y a todos, incluido lo invisible, y hacer todo lo que te gusta y quieres siempre desde el *amor incondicional.*

El amor incondicional es aquél que no tiene ni pone condiciones, es decir, amas a las personas tal y como son y sin querer cambiarlas, sin interferir en sus vidas. Y las aceptas tal y como son, con todo. Podemos intervenir cuando nos solicitan ayuda, pero no podemos interferir; son dos cosas diferentes.

Asombrosamente, cuando cambias y ves el lado bueno de las cosas y de las personas, lo estás potenciando y esto se refleja luego en tu mundo.

LA ESCUCHA ATENTA

Es importante aprender a manejar el diálogo interno que tenemos con nosotros mismos. Hemos de escucharnos y observarnos más atentamente, cómo nos hablamos, qué nos decimos, en qué pensamos con más frecuencia en lo que tenemos o en lo que no tenemos, en lo que queremos o en lo que no queremos, cómo nos sentimos bien o mal, nos lo merecemos o no... Esto creará nuestra realidad.

Como dije antes, la meditación es excelente para relajarnos y también es muy beneficiosa para la salud y la observación. Te permite conocerte mejor.

Al estar en calma y consciente de tus pensamientos, los vas observando, te vas escuchando atentamente y te das cuenta de lo que piensas, lo que te dices y cómo te lo dices, si te aprecias a ti mismo o te criticas. La meditación te puede ayudar mucho a darte cuenta de quién eres y de lo que piensas. Puede ayudarte a transformar tu vida, si se lo permites.

Nuestra realidad actual la podemos cambiar a través de observarnos y escucharnos suave, paciente y atentamente. Y de elegir pensamientos que nos hagan sentirnos bien y llenarnos de amor y bienestar, alegría, abundancia y prosperidad ilimitadas, gozar de una salud y armonía perfecta y radiante... Elige lo que quieres crear en tu vida, con independencia de lo que sea o piensas que es ahora y siéntete bien durante el proceso de creación.

Podemos cambiar nuestros pensamientos y sentimientos siendo conscientes de ellos y eligiéndolos con cuidado y con amor. También podemos ser suaves y pacientes con nosotros, igual que lo es una madre cuando su bebé comienza a caminar.

No importa las veces que te caigas, sino la rapidez con la que te levantas y continúas haciendo.

Es cierto que podemos ser, hacer y tener lo que queramos (incluso mejor), pero siempre ha de ser por este orden: ser, hacer, tener y no al revés (Raimon Samsó).

Si tienes pensamientos positivos, todo a tu alrededor mejorará, ya que obtendrás más de lo mismo. Si por lo contrario, tienes pensamientos negativos la Ley de la Atracción te mandará más de lo mismo. Lo que das lo recibes de vuelta. Es la ley del Karma.

La Ley de la Atracción trata de pensamientos, frecuencias y vibraciones semejantes, lo igual atrae a lo igual. Por ejemplo si piensas en carencias, limitaciones, deudas... te dará más de eso.

Si piensas en abundancia, riqueza, amor, bondad, alegría, felicidad, dicha y salud, la Ley de la Atracción te dará más de lo mismo. Es muy obediente. Te envía lo que le pides.

***Realmente, tienes en tu vida aquello en lo que más piensas.**

Al ser un Universo basado en la inclusión no entiende el "no quiero"... lo que sea y te manda lo que no quieres. No se puede excluir nada, si prestas atención a lo que no quieres tener en tu vida, lo obtendrás (porque le prestas atención y además pones tus sentimientos en ello).
No falla, a mí me pasaba constantemente hasta que leí "El Secreto" y lo apliqué. Lo cierto es que, para mí, dicho libro contiene una gran sabiduría y otorga poder. Te recomiendo que lo estudies con detenimiento y también "EL PODER" que también es de Rhonda Byrne y habla del Amor, para mí es el libro del Amor. Merece la pena leerlo, a mí personalmente, sus libros me han ayudado a cambiar mi vida.

Una vez que haces consciente algo, lo puedes cambiar y solucionar, si no te das cuenta de las cosas no puedes hacer nada por cambiarlas. (Mari Carmen Navarro Millán, Coach de alto rendimiento).

Al prestar atención a aquello que no queremos, lo estamos permitiendo entrar en nuestras vidas. Así que te invito a que prestes atención a aquello que de verdad deseas lograr en la vida. Aquello que amas de verdad, con todo tu corazón, lo que te gusta a ti y te hace feliz.

Sabiendo esto, es más inteligente y sano concentrarnos en lo que queremos, en la abundancia, en el amor, en los valores, talentos, dones, habilidades, en el dinero que tenemos, en la salud y no en la falta o carencia de todo ello.

Haz lo que te gusta a ti y no a los demás. Haz lo que ames y no lo que otros crean que es lo mejor para ti. Sólo tú tienes el poder de saber y de elegir qué es lo que quieres hacer con tu vida, ya que eres su dueño. Nadie puede vivir por ti y tú no puedes vivir por otros. Tú te conoces, los demás no pueden conocer tus más profundos y nobles sentimientos.

Haz aquello que de verdad ames con todo tu corazón y ponlo al servicio del mundo. Descubre tu talento y conecta con tu creatividad y tu intuición, ella nunca falla. Sé consciente de tus dones, utiliza tus habilidades y reinvéntate cada día.

Sé feliz y siéntete bien en todo momento independientemente de la situación actual que puedas tener o de lo que otros te digan que "debes" hacer y habrás tomado las riendas de tu vida. Es un buen plan. Te permite ser libre e inteligente financieramente y en todas las áreas de tu vida. Y ser dueño, además, de diseñar y crear tu propia vida.

A veces hay que pedir ayuda a los demás, claro que sí, pedir ayuda es de sabios (y un amor muy grande hacia uno mismo). Pero no permitas que nadie dirija tu vida. No vivas la vida de los demás, elige, crea, diseña y vive la tuya propia con tus errores y alegrías.

Una opción muy interesante que experimenté es contratar a un **Coach personal**. A nivel personal me parece que ser Coach es lo más grande que se puede hacer por la personas. Además de ser una profesión en auge lleva al cliente (coachee) a la excelencia personal en todas las áreas de tu vida.

El COACHING es el puente desde donde estás hacia donde quieres ir. Te ayuda a recorrer la distancia o recorrido entre lo que eres y lo que quieres ser.

Un Coach te orienta a la acción y a la introspección. Se trata de un entrenador personal que mediante una serie de preguntas, que a mí me gusta denominar inteligentes (realmente lo son), te ayuda a buscar en tu interior.

Un Coach no te dice lo que tienes que hacer, porque sabe que eres el creador de tu vida, sino que hace que te conozcas a un nivel muy profundo y a partir de ahí puedas actuar.

Un Coach te ayuda a hacer que lo inconsciente, aquello que no te das cuenta pero haces continua y constantemente, sea consciente.

Mi Coach siempre me decía que no puede haber cambio sin hacer consciente lo inconsciente. También tienes que estar dispuesto a cambiar, sino permanecerás siempre anclado en lo mismo.

Gracias, Mari Carmen, gracias a ti he cumplido muchos objetivos y metas y me he conocido a un mayor nivel y con más profundidad.

ERES EL CREADOR Y DISEÑADOR DE TU VIDA Y SOLO TÚ SABES CÓMO CREARLA PORQUE SOLO TÚ SABES QUIÉN REALMENTE ERES. SOLO PUEDES SER, PENSAR, SENTIR Y, POR LO TANTO, CREAR PARA TI.

LA ACEPTACIÓN DE UNO MISMO

No necesitamos la aceptación de nadie, somos seres ilimitados por naturaleza. No tenemos nada que demostrar a nadie, ya que *en nuestro interior todos lo tenemos todo.*

Primero hemos de aceptarnos a nosotros mismos. La mejor manera de aceptarse es conocerse. Como te he ido diciendo, durante este tiempo, la mejor manera de conocernos es amándonos, observándonos, actuando, escuchándonos atentamente, y por supuesto, experimentando.

Todos tenemos todas las habilidades, dones, talentos, creatividad, soluciones, amor, alegría. Sólo usamos el 10% de nuestro cerebro. Si usásemos todo nuestro potencial interno todos seríamos clariaudentes, clarividentes, usaríamos la telequinesis, podríamos desmaterializarnos en nuestra ciudad y aparecer en otra más lejana o en la otra punta del mundo en un abrir y cerrar de ojos.

Creo que para llegar al amor incondicional primero hay que tenerlo por uno mismo. Es imposible amar a otros si no te amas a ti mismo. ¿Cómo no vas a amar y a aceptar a la persona más importante de tu vida, que por supuesto eres tú?

Si no te amas a ti mismo nadie lo hará por ti. Primero te llenas de amor y al irradiarlo amas a los demás y luego los demás te aman a ti. Siempre es por este orden.

Después de esto llega la aceptación de uno mismo. Aquí, desde el amor incondicional, te aceptas tal y como eres y te encanta estar en tu compañía. Te amas lo suficiente como para permitirte ser. Ser feliz, te llenas de bienestar y alegría y todo fluye fácilmente. Te encanta como eres y no te cambias por nadie, solo quieres ser tú mismo y conocerte más profundamente.

Conocer los libros de Louise L. Hay también me ha ayudado a un nivel más profundo a conocerme y a deshacerme de creencias limitantes y negativas. Hacer afirmaciones frente a un espejo y mirándote a los ojos requiere, quizás, un poco de tiempo, pero luego adquieres una confianza en ti mismo que no habías pensado nunca. Gracias, maestra, por la lección.

Está bien deshacerse de conductas que nos impiden mejorar en la vida como son la crítica, el odio, la falta de respeto; todo es consecuencia de criticarnos, de no respetarnos. ¿Cómo vamos a no criticar, a amar o a respetar a otros cuando no lo hacemos con nosotros mismos?

Todo esto forma, también, parte de la herencia cultural y educacional que nos inculcaron generación tras generación.

Han inculcado valores negativos a todos.

El no valer, el no merecerse nada, el nunca serás nada...

Hay que olvidarse de todo esto porque no es cierto, lo que ocurre es que ésa era la única y antigua forma de educar. No sabían educar de otra manera. Ahora es momento de perdonar, olvidar y amarnos a nosotros mismos sabiendo que nos merecemos lo mejor porque ya somos lo mejor. Ellos fueron víctimas de víctimas y ahora puedes elegir ¿qué harás? Lo dejo en tus manos, es cosa tuya. Hace tiempo yo ya elegí. Es muy bonito el sentirse muy bien con uno mismo, amarse y aceptarse tal y como uno mismo es.

Hay otras opciones de mejora personal que te permiten avanzar y realizarte aun más, como son las afirmaciones positivas y la visualización creativa.

Las afirmaciones y la visualización creativa ayudan mucho a fomentar el cambio y la mejora personal.

Las afirmaciones son unas declaraciones afirmativas y positivas diciendo cómo quieres que sean las cosas, no como son ahora. Muchas personas dicen que no funcionan, a mí sí me funcionan y me han ayudado a transformar mi vida.

Tienes que acoplarlas para ti, para que sean **CREÍBLES Y POSIBLES**, sino es cuando no funcionan.

*La **visualización creativa*** consiste en imaginarte con lo que quieres ahora y sintiendo que ya lo tienes en la actualidad. Puedes imaginarte también situaciones en las que te ves más valiente o más decidido, con cualidades o valores que te gustan, también mejorando tus relaciones, con la casa de tus sueños, tu nuevo coche, dinero o lo que quieras. Has de sentir que es tuyo ahora.

LO QUE NO QUIERO TAMBIÉN LO ATRAIGO

A menudo acostumbraba a decir no quiero estar enferma, no quiero tener que trabajar en lo que no me gusta, no quiero vivir siempre justa de dinero, no quiero, no quiero, no quiero, no quiero... Todo esto son creaciones y se materializan en tu vida como lo hacían en mi vida si no hacemos algo al respecto. Si no cambiamos nuestros pensamientos y nuestros sentimientos la vida seguirá siempre igual. ¡Vaya aburrimiento!

Cuando estaba leyendo el libro de "El Secreto" me di cuenta rápidamente de que era cierto, (para mí este libro es un regalo que Dios me dio, una petición cumplida a mis deseos de cambio) y sonó un click en mi mente y mi vida entera pasó ante mis ojos, me di cuenta que había creado todo lo que tenía con mis pensamientos y sentimientos.

Supe y sentí con total certeza que era así. Todo lo que había buscado, muchas de las respuestas a mis preguntas y plegarias estaba ahí.

Mis emociones siempre estaban a flor de piel, por aquel entonces, saltaba por todo. Hasta que me echaran un piropo me sentaba mal porque creía que bromeaban. Ahora me encanta que me piropeen y les doy las gracias por ello y además lo hacen más frecuentemente porque estoy en un estado de alegría y agradecimiento casi constante.

Este libro supuso un antes y un después en mi vida. Todos los días doy las gracias porque cayó en mis manos y porque tengo una vista joven, perfecta y clara para poder leerlo.

También, me agradezco a mí misma la oportunidad que me he dado por *APLICAR SUS ENSEÑANZAS.*

ESO TAMBIÉN ES UN ACTO DE AMOR HACIA UNO MISMO.

Nunca me cansaré de decir que un libro por sí mismo no puede ayudarte, ni a ti, ni a mí, ni a nadie, si no pones de tu parte aplicando sus conocimientos y sabiduría. Los libros están orientados para el conocimiento y la acción, pero si no se aplican, si no se experimenta lo que dicen, entonces nunca se crece, si no se crece la vida no tiene sentido, nos estancamos y nos quedamos atrás, entonces resulta que acabamos sintiendo insatisfacción y dudas ¿y adivina qué? Pues claro, la Ley de la Atracción nos enviará más de esa insatisfacción y dudas que no queremos. Nunca falla. Lo sé por experiencia de muchos años. Tenía un master en crear cosas que no quería, bueno, ahora eso por fortuna cambió.

ASÍ QUE, POR FAVOR, APLÍCATE, EXPERIMENTA Y CRECE.

Gracias a ti y a mí y a todas las personas que han puesto en marcha el conocimiento de estas leyes universales, muchas personas crecerán y se creará una consciencia colectiva superior más abundante, pacífica y llena de amor.
La vida es crecimiento desde que nacemos hasta que dejamos el planeta y así la vida nos resultará más sencilla, abundante, fácil y ayudaremos a más personas a que lo sean.

TODOS SOMOS UNO. ESTAMOS HECHOS DE ENERGÍA. FORMAMOS UN TODO DE UN TODO MAYOR.

Estamos formados de la misma materia y energía que todo lo que hay en el Universo. Todo está interconectado. Recuerda, solo existe la inclusión y no la exclusión. No existe la separación, solo la unión. Cuando este conocimiento se aplique a nivel mundial la palabra "guerra" la habrá que buscar en un antiguo y arcaico diccionario porque habrá desaparecido de la faz de la tierra y sus efectos colaterales también.

No es que no haya situaciones "difíciles" en la vida, pero hay que darse cuenta de que estamos aquí para crecer, evolucionar, aprender y, por supuesto,

cambiar. En este tipo de situaciones, también es preciso sentirse agradecido porque sacan lo mejor de cada persona. Nos hacen crecer y nos fortalecen, además de ayudarnos a incrementar la creatividad, intuición y nuestro conocimiento de nosotros mismos y de nuestras potencialidades, dones, talentos, habilidades, soluciones, etc...
Nos permite crecer y cambiar. Ir hacia lo que deseamos y queremos, hacia nuestros objetivos de la vida.

De ese modo, se aprenden y afloran cualidades y habilidades interiores que de otra manera se desconocerían.
Para mí, por ejemplo, lo más importante es el esfuerzo interior, siempre digo que es el único esfuerzo que merece la pena realizar. Conocerse a uno mismo es un proceso para toda la vida pero me parece el más interesante que podemos desarrollar.

Descubrir tus dones, talentos, habilidades, tus capacidades internas, potencialidades, desarrollar la intuición y expresar tu creatividad. Creo firmemente que ése es, sin ningún género de duda, al menos para mí, el trabajo mejor del mundo y el más eficaz y constructivo. ¿Y a ti, qué te parece?

Además es un trabajo para toda la vida, así que diviértete y disfruta conociéndote cada día más y mejor.

Dependiendo de las vibraciones y frecuencias que emitan nuestros pensamientos y sentimientos, atraeremos lo que deseamos o lo que no deseamos. Invariablemente es así.

Esto ya lo probó en su momento A. Einstein a través de la física cuántica. Hay miles de libros muy interesantes que puedes leer sobre esta materia y también hay muchísima información disponible en Internet, hoy en día el que no sabe y no adquiere conocimientos nuevos es porque no quiere, y más teniendo el buscador Google.

EL CONOCIMIENTO ES PODER, APLÍCATE.

Si te interesa la física cuántica hay un libro y un DVD que trata fácilmente esta materia; se llama "¿Y tú qué sabes?" Es un libro muy interesante y explica el funcionamiento de la mente a través de la física cuántica.
Al final del libro te daré una lista de libros y autores muy interesantes sobre todos estos temas que te estoy contando para que puedas contrastar todos estos datos.

Otra cosa que te diré es que investigues todo lo que te digo, todo lo que lees, contrástalo todo y luego saca tus propias conclusiones. No te creas todo a la primera, investiga y experiméntalo por ti mismo y luego, si quieres y hace que te sientas bien, hazlo tuyo o no.

Mucha gente habla mal de "El Secreto" y dicen que la Ley de la Atracción no existe, que es un invento. Pues claro que existe, pero están atrayendo a sus vidas aquello que piensan y sienten y como no la usan, no la conocen o no la quieren aplicar, nunca les funciona porque siempre atraes lo semejante a tu vida y si crees que algo no te funciona realmente no te va a funcionar ni ahora ni nunca, lo cual no significa que en sí mismo no funcione. Tus creencias determinan tu realidad.

Son las creencias que tienes en ti las que has de cambiar si quieres cambiar. Revísalas, escríbelas, la escritura y la palabra escrita tienen mucho poder y hacen conscientes tus creencias. Si no estás de acuerdo con ellas, cámbialas. La mayoría de las veces nos vienen heredadas por la familia, escuela, amigos, sociedad, etc. Pero ahora, puedes elegir las tuyas propias.

Yo sé que la Ley de la Atracción funciona porque lo experimenté y lo puse a prueba (y me puse a prueba a mí). Y además de funcionar, hizo que me diera cuenta de lo que pensaba, qué me decía, cómo me lo decía y cómo me trataba. Me ayudó a conocerme mucho más y de mejor manera.

UNA CREENCIA ES UN PENSAMIENTO CONTINUADO EN EL TIEMPO. LO QUE CREES LO CREAS.

Por lo tanto, depende solo de cada persona y de lo que piense, sienta y crea (creencias), que pueda disfrutar de la magnificencia y de la magia de la vida y de los éxitos... o de los fracasos.

Depende exclusivamente de ti, de nadie más. Nadie tiene la culpa de lo bien o mal que te va la vida. La creas tú, siempre ha sido así y siempre lo será.

SOLO TÚ ERES EL RESPONSABLE Y EL CREADOR DE TU VIDA. LO ÚNICO QUE TIENES QUE HACER ES SER CONSCIENTE DE ELLO AHORA.

Recuerda que tampoco hay que demostrar nada a nadie. Todos lo tenemos todo en nuestro interior, felicidad, alegría, Amor, dones, talentos, habilidades... No necesitamos la conformidad de nadie, solo la nuestra propia. Con eso es suficiente.

Hay que buscar con mucha paciencia y persistencia en el interior. Cuando estamos aprendiendo a conocernos y nos damos cuenta de nuestros errores, es mejor tratarnos con mucha suavidad y amor para aprender y mejorar esos errores. Cuando nos reprendemos no nos estamos ayudando sino que lo empeoramos todo y nuestra autoestima baja.

LA ACEPTACIÓN Y EL AMOR HACIA UNO MISMO ES LA CLAVE DE LA VIDA. MARCA LA DIFERENCIA ENTRE QUIÉN ERES Y QUIÉN QUIERES SER: PORQUE TE APRUEBAS TAL Y COMO ERES.

TE AYUDA Y PROPICIA EL CAMBIO FÁCILMENTE. LA CLAVE ES LA DISPOSICIÓN A ACEPTARSE Y AMARSE A UNO MISMO PORQUE TE LIBERA DE TODAS TUS LIMITACIONES Y CREENCIAS ANTIGUAS Y TE PERMITE FLUIR Y SENTIR EL BIENESTAR Y LA FELICIDAD QUE TE MERECES.

De la baja estima sé mucho porque he convivido con ella durante casi toda mi vida hasta hace algunos años. Ahora gozo de una gran autoestima, confianza y seguridad en mí misma y en todo lo que hago y en lo que me rodea. Sobre todo me amo y me acepto tal y como soy. Me soy fiel a mí misma y a mis valores. Pero no siempre fue así.

Primero, pedí, quería cambiar mi vida.

Luego llegó "El Secreto" y su aplicación cambió mi vida porque estaba dispuesta a cambiar por mí misma, no porque nadie me lo hubiera pedido, esos cambios nunca son fuertes o duraderos. Los cambios internos y voluntarios sí que lo son.

Ahora vivo pasándomelo muy bien con todo lo que soy, hago y tengo y agradeciendo todo lo que tengo "bueno" o "malo" en mi vida. Disfruto creciendo y deseo que tú también lo hagas.

La vida puede ser muy abundante en todas las áreas y podemos sentir el gran bienestar que hay en nuestro interior. Cada uno lo elige.

MI EXPERIENCIA

Hace unos años fui a ver a una médica de la Seguridad Social porque tenía muy baja la tensión y estaba muy mareada y débil y me asusté mucho. Acabé contándole mi vida. Recuerdo que ese día estaba más desesperada y agobiada de lo normal. Estuve hablando de todo con ella (era una chica muy agradable y joven), así que me desahogué con ella. Le pregunté si me recomendaba alguna lectura y me recomendó "El Secreto". Recuerdo que me dijo que no sabía quién lo había escrito pero era un bestseller y estaba en todas las librerías. Lo fui a buscar pero como en aquella época no tenía dinero me quedé sin el libro durante un pequeño tiempo.

No pensaba más que en ese libro y además la gente no paraba de hablar de lo eficaz que era. Yo lloraba y pedía por favor recibirlo. A los pocos días, ya más calmada y más tranquila, me dije que cuando tuviera que leerlo lo tendría y a los pocos días me lo regaló mi pareja. Ahora veo, después de unos cuantos años, con claridad, que tenía que leer ese libro porque cambiaría mi vida. Lo atraje a mi vida.

Deseo ayudar al mundo también a cambiar. Quiero con todo mi corazón llevar mi luz y mi amor a todo el mundo.

Quiero aportar mi granito de arena para que todo el mundo sea más feliz, abundante, próspero, rico, alegre y sano.

Me gustaría mucho que este libro cambiara tu vida y la de muchas personas más y que además sea sencillo de aplicar y sea útil.

Tengo una mente de servicio y deseo con todo mi corazón ayudar a todo el mundo que desee cambiar y que esté dispuesto a cambiar. No es fácil cambiar los pensamientos, es un trabajo continuo y diario, pero si te aplicas y la haces con amor tendrás una vida que va más allá de las expectativas que pudieras tener de tu vida (o que otros te hayan dicho que pudieras tener).
Es cierto.

No tengas miedo a equivocarte, la duda atrae más duda y no atraes nada bueno. Lo sé por experiencia propia. Ama tus errores y aprende de ellos, eso es sabiduría… y amor propio.

Hay que amar y bendecir con amor los errores, ya que nos permiten crecer y cambiar hacia lo mejor, mejorar nuestras relaciones, nuestras situaciones, nuestras circunstancias y experiencias, nuestros pensamientos y sentimientos, nuestra salud, nuestra riqueza, acciones, no acciones... e incluso mejorar el planeta.

Los errores y su correcta aplicación nos permiten mejorar nuestras vidas y las de los que nos rodean. Cada aprendizaje supone un éxito y cuantos más fracasos, más dulce y maravilloso es el éxito. Para mí el fracaso es la continuación del éxito.

Es un indicador de cómo no tienes que hacer las cosas para mejorarlas luego.

Pero puedes hacerlas de otra manera más efectiva y productiva que, además, te llevará a un aprendizaje propio ya que se convertirá en tu experiencia. Ésta es, para mí, la verdadera sabiduría: cuando integras todo lo que sabes y lo aplicas en tu vida no solo cambia tu vida, sino que mejora con creces porque lo experimentas y, además, cuando experimentas las cosas y las aplicas las haces tuyas quedando integradas en tu ser.

LA MEJOR FORMA DE CRECER Y DE AUTOCONOCIMIENTO EN LA VIDA ES OBSERVANDO, ESCUCHANDO Y EXPERIMENTANDO TODO AQUELLO QUE CONOCEMOS Y QUE LLEGA A NUESTRA VIDA. NOS HACEMOS MÁS GRANDES Y PODEMOS AYUDAR MEJOR.

A la vez de mejorar tú, además, mejoras las vidas de todos los que te rodean y haces posibles circunstancias y situaciones que antes no te imaginabas. ¿No te parece maravilloso? A mí sí que me lo parece.

No estamos predeterminados a vivir para siempre con la misma situación, sea cual sea, ***"vivir por defecto"***. Podemos crear situaciones nuevas con nuestra mente. Puedes ser, hacer y tener lo que realmente quieras. *LO ELIGES TÚ Y SOLO TÚ.*

MEDIANTE TU CONSCIENCIA (SER CONSCIENTE), TUS PENSAMIENTOS Y TUS SENTIMIENTOS, CREAS TU VIDA. PRESTA ATENCIÓN A LO QUE MÁS AMAS.

Cuando una situación negativa se repite constantemente en tu vida préstale mucha atención porque es algo que has de aprender. Puede tratarse de pensamientos, sentimientos o resentimientos, viejas creencias, patrones mentales, que ya no necesitas. Bendice con amor esa situación, sácale su lección y déjala que se vaya liberándola. Ahora ya estás dispuesto a crecer. Además te sentirás más libre.

Otro crecimiento más ¡Gracias!

Muchas de nuestras limitaciones autoimpuestas vienen de hablarnos mal porque así nos lo han enseñado. Respecto a esto cabe señalar que a nuestros padres, abuelos, y todas las generaciones anteriores se las enseñó de este modo. No nos pudieron educar mejor porque no sabían. Un modo efectivo de deshacerse de esas limitaciones es dejándolas ir a través del perdón y el amor incondicional hacia uno mismo y hacia los demás.

Cuando perdonas a otro te estás perdonando a ti y dejando atrás, liberando, todas esa conducta negativa y de resentimiento. El resentimiento atrae más resentimiento y más insatisfacción por todo en la vida. Es mejor perdonar y vivir feliz y libre.

EL PERDÓN Y EL AMOR INCONDICIONAL HACIA UNO MISMO HACEN QUE TE LIBERES DE LAS LIMITACIONES Y SIGAS CON TU VIDA.

LA FELICIDAD ES INNATA EN TI

Todo el poder está en tu interior y, por lo tanto, está bajo tu control (Robert Collier).

Es cierto, todo lo que necesitas para ser feliz lo tienes en ti, dentro de ti, en tu interior, solo hace falta que te mires interiormente y que te pares a pensar, a reflexionar, a meditar y lo hallarás.
Piensa en las cosas buenas que te hacen feliz y en las personas que te rodean que hacen que te sientas bien. Eso cambia tu frecuencia y te eleva a la frecuencia del Amor y la Gratitud, la más alta frecuencia y vibración del Universo.

Cuando estás ahí todo te va bien y solo atraes circunstancias, personas y cosas que hacen que te sientas bien ¡porque tú te sientes bien! La Ley de la Atracción siempre funciona constantemente, igual que tus pensamientos y tus sentimientos, siempre atraes todo lo bueno o lo malo a través de ellos.

La Ley de la Atracción es tu mejor aliada, como también lo es la Vida. Puedes confiar en ellas y te darán todo lo mejor. ¡Si tú lo quieres, lo permites, lo aceptas y lo crees! ¡Di SÍÍÍÍÍÍ a la vida!

Muchas personas piensan que es necesario ver para creer, realmente no funciona así.

TIENES QUE CREER PARA VER Y SIEMPRE EN ESTE ORDEN, NO AL REVÉS.

Como los demás lo hacen al revés tienen la vida al revés. Eso se puede cambiar mediante positivos y nuevos hábitos y un cambio de consciencia. Y, por supuesto, estar dispuesto a cambiar. Eso es fundamental, si no cambias no creces, si no creces no avanzas, tú eliges siempre, depende de ti.

La Felicidad es el bien más preciado que tenemos la humanidad y ***lo que mucha gente no sabe todavía es que la felicidad está en su interior y siempre ha estado ahí. (Y siempre estará).***

No busques la felicidad en un nuevo amor, coche, casa, amigo, trabajo, hijo, dinero... ***ESTÁ EN TI Y SOLO EN TI, EN TU INTERIOR.***

Todo lo importante, lo que realmente importa, está en tu interior. La vida es de dentro hacia fuera. Todo lo que está en tu interior es lo que se refleja en el exterior. Las causas nunca se ven pero sí los efectos.

Esto quiere decir que no podemos culpar o alabar a los demás por lo mal o bien que van nuestras vidas ya que son un reflejo o espejo de nuestras creencias más negativas, limitantes o más potenciadoras y positivas.

Da gracias por darte cuenta de lo que no te gusta de otra persona, porque es lo que no te gusta de ti. Es tu maestro, te está enseñando, así que no te enfades y bendícelo con amor. Luego cambia todo eso que dices que no te gusta y desaparecerá.

Concéntrate en lo que quieres y te gusta. Así siempre atraes eso que dices que quieres y te gusta. Tú eres más feliz y el mundo también se eleva. Tú te elevas y contigo se eleva el mundo. ¡Un buen final feliz para todo el mundo!

Gracias por tu disposición al cambio. Cambiando tú, lo cambias todo.

Fíjate lo importante que eres para el mundo, lee detenidamente y medita el proverbio que viene a continuación.

Hay un proverbio chino que dice:

Si hay luz en el alma,
habrá belleza en la persona.
Si hay belleza en la persona,
habrá armonía en la casa.
Si hay armonía en la casa,
habrá orden en la nación.
Si hay orden en la nación,
HABRÁ PAZ EN EL MUNDO.

-Sin palabras-
Te dejo que medites y elijas tus pensamientos.

Todo lo queremos en la vida, debemos buscarlo interiormente, ya que el interior es donde se crea todo lo que hay en el exterior. Solo lo podemos conseguir a través de nosotros mismos. Nadie puede ser feliz por nosotros. Tienes que ser feliz por ti y así, como esto se contagia, todo a tu alrededor será felicidad.

Vivirás una vida mágica y única. Insisto todo el tiempo en esto, ya que es de vital importancia su conocimiento para que crees esa vida que hasta ahora pensabas que no podías tener.
Mi frase favorita es de uno de los personajes que más me gustan y admiro por su perseverancia -Donald Trump- "ya que de todos modos hay que pensar, mejor pensar a lo grande" y yo añadiría en positivo y con amor.

Todas las personas de éxito que aportan un valor añadido al mundo y nos muestran su sabiduría y conocimientos para que crezcamos, piensan así. Todos ellos Piensan en Grande.

PIENSA EN GRANDE Y OBTENDRÁS RESULTADOS GRANDES. ASÍ PODRÁS BENEFICIAR A TODO EL PLANETA, A TI, ES DECIR, A TODOS LOS QUE TE RODEAN.

A la Ley de la Atracción le da igual que sea mucho o poco, no hace diferenciación entre lo que es grande o pequeño, simplemente te da lo que piensas y sientes ya sea un lápiz o una mansión. Nosotros definimos y limitamos las cosas pensando que son grandes o pequeñas. Para ella no requiere el mayor esfuerzo. La naturaleza no hace el mayor esfuerzo en crecer, simplemente lo hace.

Lo vuelvo a decir:

PENSAR EN GRANDE BENEFICIA AL PLANETA, A TODOS LOS QUE TE RODEAN Y, POR SUPUESTO, TAMBIÉN A TI.

También es interesante saber que otro gran motivo que tenemos para pensar en positivo es que un pensamiento positivo es 100 veces superior a uno negativo. Esto facilita mucho las cosas a la hora de la atracción y de sentirnos bien.

Es muy importante que controles tus pensamientos aunque son muchos (en un día podemos tener unos 60.000 pensamientos según estudios científicos).

Hay una manera muy fácil de lograr controlar y darse cuenta de los pensamientos que estamos teniendo en un momento determinado: Las Sensaciones y Emociones.

Éstos determinan cómo nos sentimos en cada momento, así que lo mejor es detenerse y observarlos. Nos avisan de donde estamos ahora y, por supuesto, de las atracciones futuras.

LAS SENSACIONES Y LAS EMOCIONES

Si te encuentras bien, eso está muy bien, maravilloso, sigue así, ya que de este modo estás atrayendo lo que quieres a tu vida. Se manifestará pronto tu deseo y como tú quieres o incluso mejor. Pero si te sientes mal, haz todo lo posible por cambiar tu estado de ánimo, de lo contrario obtendrás lo que no quieres: canta, baila, haz barro, pasea por la naturaleza, comparte el calor de una hoguera con tus amigos, escucha música que te agrade, Reiki, piensa o acaricia a tu mascota o piensa en lo que más te gusta o quieras en la vida.

Haz cosas que te diviertan y que te eleven.

Puedes generar tu estado de ánimo con humor, tú lo puedes cambiar, si así lo eliges. Cambia tus pensamientos, pásalos a positivo y siéntete bien, entonces aquello que sueñas para tus adentros se manifestará. Es mejor no contar tus deseos a ninguna persona ya que pueden influirte con que "no es posible" o "que nadie lo hizo antes". Mejor, así serás el primero en lograrlo y podrás ayudar y dar un buen servicio al mundo.

HAZ COSAS QUE TE GUSTEN – Sobre todo busca en tu interior-.

Cambias la energía del momento y la atracción cambia hacia lo que quieres y eliges.

También, cuando te sientas mal o estés pensando en lo que no quieres puedes preguntarte ¿qué es lo que quiero?

Al centrarte en la solución y en lo que quieres atraes nuevas ideas y soluciones a tu mente. También está bien reconocer lo que no quieres, ya que gracias a ello puedes saber qué es lo que sí quieres.

No pienses demasiado tiempo en lo que no quieres, ya que lo atraerás, solo lo justo para saber qué es lo que quieres y pasar a la acción. Recuerda disfrutar con el proceso desde que pides hasta que se manifiesta en tu vida lo que deseas y no te contradigas en lo que dices que quieres, mediante pensamientos, sentimientos, acciones u omisiones.

CONCÉNTRATE SIEMPRE EN LA SOLUCIÓN Y EN EL RESULTADO.

Otra pregunta que me hago cuando me siento "rara" es ¿en qué estoy pensando ahora? Si lo que pienso no está de acuerdo con lo que quiero conseguir o con mis valores actuales, pienso en lo que sí quiero conseguir de acuerdo con mis valores. Esto me hace cambiar el pensamiento negativo al instante.

La mente es una maquinaria muy precisa e inteligente, si le haces preguntas buscará la solución o respuesta y te responderá. Hay dos opciones: o diriges tu mente o ella te dirige a Ti.

Tú eliges y solo tú.

Yo elegí hace tiempo que soy la que voy al timón dirigiendo y creando mi vida, aunque a veces, por un rato, quiere dirigir ella.
Cuando me siento mal a mí me gusta, por ejemplo, meditar, ponerme unas velitas, un poco de música tranquila y relajante e incienso, esto me encanta y me relaja. Me hace conectarme con quien soy realmente y notar y sentir mi energía.

También me funciona leer o ver mis Dvd´s preferidos, películas de comedia, irme a la playa cuando no hay nadie y escuchar las olas del mar; eso me calma y me relaja mucho, así luego, puedo pensar con total claridad porque me renuevo y me lleno de energía positiva.

También me gusta escuchar música de relajación de yoga, Reiki, Zen o todo lo que sean sonidos de la naturaleza y de la Nueva Era. Es música muy relajante y en calma se piensan mejor las cosas y se ve todo con más claridad. A mí me ponen en la frecuencia del amor y la gratitud donde todo es posible.

Además de que me gusta mucho leer, mínimo cada semana veo el documental de "El Secreto", me motiva mucho.

También veo otros Dvd´s que he adquirido de Raimon Samsó, Eckhart Tolle y un largo etc. Leo a todos los grandes, a los que de verdad me motivan y me ayudan a estar alerta y sobre todo feliz y motivada.

He cambiado la energía negativa de la tele por la energía positiva de los libros. Prefiero estar en Alfa que en Beta.

El estado Beta es en el que estamos durante todo el día. Cuando meditas entras en estado Alfa, es ahí donde más alerta y presente estás y donde surgen las ideas y soluciones más claras y profundas. Es un profundo estado de relajación y bienestar donde eres tú mismo, donde sientes tu energía. Eres tú y tu Divinidad.

Cambia tus pensamientos y la vida que tienes también cambiará y lo que realmente deseas lo atraerás sin ningún género de duda. Esto es así para todas las personas, ***todos podemos ser, hacer y tener lo que deseemos.***

Siempre ha sido así porque es nuestro maravilloso derecho de nacimiento. Y siempre es en ese orden, ***SER, HACER Y TENER,*** recuérdalo. No quieras un coche para ser feliz ahora. Sé feliz ahora y luego ya vendrá el coche. Es el mejor atajo que conozco para atraer toda la abundancia ilimitada que nos merecemos: ser feliz ahora y sentir que tienes todo lo que quieres ahora y que tienes más que suficiente, pero sin apegos, sin necesitarlo.

Si quieres éxito, no lo persigas, ya lo eres y lo tienes ahora. Tienes más que suficiente de todo. Eres un ser abundante e ilimitado ahora.

Esto también lo dice Joe Vitale en su libro "El poder de la atracción". También hay traducido al español "La Llave". Merece la pena leer al "Buda de Internet", como así le llaman. (Página Web Mr. Fire).

Doy cada día las gracias por todo lo que recibo y todo lo que atraigo, incluso lo negativo, y soy consciente que detrás de la apariencia de que algo me parece "malo" encuentro siempre una bendición en igual medida que lo que me parecía malo. Si algo me parece "muy malo", la bendición es siempre aún mayor.

Por ejemplo, cuando me duele la cabeza se que he estado concentrada o enfocada en el problema y no en la solución con lo cual le he dado tantas vueltas a lo que quería evitar que el cuerpo físico me pone en aviso: "Estás concentrándote en lo que no quieres, en el problema en vez de la solución".

Entonces respiro y medito y se me va al instante el dolor de cabeza y sé que he aprendido otra valiosa lección: a concentrarme en las soluciones y en lo que quiero, únicamente.

El dolor de cabeza es el efecto, la causa eran mis pensamientos negativos.

LA GRATITUD: LA FUENTE DE TODA LA ABUNDANCIA

La gratitud es el medio por el que te llegarán las mayores alegrías, ya que en lugar de concentrarte en lo que no quieres, te concentras en lo que realmente sí quieres y aprendes a valorar todo lo que sí tienes *AHORA.*

La gratitud es un estado mental en que aceptas con amor todo lo que recibes, aceptas y permites. Te sientes muy bien de corazón por como fluye la Vida contigo. Siempre sale del corazón, es la frecuencia más elevada y alta del Universo junto con el amor incondicional.
Cuando estás ahí nada ni nadie puede afectarte porque solo atraes frecuencias similares por la Ley de Resonancia.

"PARA LO ÚNICO QUE TIENES MOTIVOS ES PARA SER FELIZ Y ESTAR AGRADECIDO". (BUDA)

Eso te hará sentirte mejor y el Universo te mandará más razones para que estés agradecido. Realmente funciona, siempre y cuando lo hagas cada día y lo sientas de verdad en tu corazón. No es una obligación, sino que sale solo, sale de lo más profundo del corazón. La verdad es que te acaba saliendo solo.

Es una cuestión de hábito. Un hábito sano y beneficioso. Verás como la vida te cambia.

La primera vez que leí en "El Secreto" la palabra Gratitud, tuve que mirarla en el diccionario. Solo daba las gracias cuando me regalaban algo que me gustaba (porque sino ponía mala cara) y cuando me daban la hora.

Aplico la Gratitud cada día en mi vida; antes de levantarme estoy media hora en cama agradeciendo todo lo que tengo y la gran persona en la que me he convertido. Estoy muy contenta y agradecida por mi poderoso cambio y me amo, me apruebo y me acepto profundamente.

Antes vivía por defecto, dejando que la vida pasase ante mí y pensaba "ya vendrán tiempos mejores". Pero esos "tiempos mejores" no llegan a menos que tú hagas lo posible para que sucedan, es decir, que los crees (crear).

La manera más fácil y rápida de que te llegue todo lo bueno y lo mejor que te mereces es que te sientas feliz y agradecida siempre, sin excepción, (en cualquier circunstancia, incluso en las situaciones desagradables), ser feliz ahora es el atajo para que atraigas todas las bendiciones que la vida tiene para ti esperando a que las reclames y aceptes.

En realidad estamos aquí para ser felices y disfrutar de las bendiciones de la vida. Dar las gracias por respirar, por amar, por ver, por sentir, por caminar, por oír, por oler, por degustar la comida, por el dinero que tienes ahora, tu trabajo, tu pareja, tu hijo, tu coche, tu mascota... por todo lo bueno que tengas a tu alrededor, por estar sanos y tener un cuerpo y armonía perfectos y radiantes.

Te recomiendo que cojas un folio y pongas de título: **COSAS POR LAS QUE ESTOY AGRADECIDO/A AHORA.** (O el título que a ti te apetezca y resuene).

Seguro que si eres sincero contigo mismo tienes muchísimas cosas por las que dar las gracias.

Cuanto más te enfoques en lo que quieres y en lo que te gusta, antes se manifestará en tu vida, ya que estarás poniendo tu energía, tu intención y tu atención. Somos creadores natos, todos, sin excepción.

Tienes que tener claro que tú *PUEDES SER, HACER O TENER TODO LO QUE QUIERAS*. Confía en tu "ser interior", tu "yo superior".

Todo esto te parecerá raro o pensarás que es una locura, pero lo que de verdad es una locura es vivir sin tener ilusiones, alegrías, riqueza, ni expectativas, es decir, vivir automáticamente, por defecto. Pensando que es lo que hay y que no se puede cambiar.

PIÉNSALO.
LAS CREENCIAS SON IDEAS Y LAS IDEAS SE PUEDEN CAMBIAR (LOUISE L. HAY).

Te recomiendo que te leas todo los maravillosos libros que tiene Louise L. Hay. Es una gran mujer, una gran escritora y motivadora de superación personal y de autoestima.

En relación con la autoestima, mi baja autoestima la he cambiado por seguridad y confianza en mí misma. También me amo, me acepto y me apruebo más de lo que jamás he soñado hacer, antes ni siquiera sabía que eso se podía hacer, simplemente vivía. Es una **clave** muy importante en el cambio la disposición a hacerlo. **Estar dispuesto a cambiar**. Sin esto no se logra el cambio. Lo sé por experiencia. Fueron muchos años de práctica.

A menudo nuestro diálogo interno, el cómo nos hablamos a nosotros, no es muy agradable, no nos decimos cosas muy bonitas. Además nos reprendemos diciendo **debería** haber hecho... debería haber dicho que no o que sí... bueno, el *debería* también es un límite y lo podemos sustituir por **PODRÍA.** Este "podría" nos permite una opción, una elección, es muy liberador.

También creo firmemente que la autoestima podría darse como asignatura en todas las guarderías, escuelas y universidades del mundo tanto para los padres como para los hijos. Nos hubiera ido mucho mejor a todos, creo yo.

Ahora es la era del conocimiento, de la información y la información es poder. Ahora puedes cambiar todo lo que no te gusta de ti porque sabes que es posible. Elige tus pensamientos de una manera positiva y amorosa hacia ti y hacia todos. Elige tus creencias deliberada y conscientemente. Siéntete bien ahora y sobre todo acéptate, apruébate y ámate tal y como eres ahora.

Las creencias también las puedes cambiar porque son solo pensamientos repetidos en el tiempo, de forma continuada y aprendida a través de otras personas (escuela, padres, amigos, sociedad...) y estos pensamientos ahora no los necesitas, ya no te corresponden.

Dispones de otro nivel de consciencia, autoestima, confianza y seguridad en ti y ahora los pensamientos o creencias los puedes cambiar en el mismo momento que desees hacerlo y el mundo también cambiará contigo. Ahora sabes que no son tuyos y por lo tanto no forman parte de ti.

Si estás leyendo esto es porque quieres cambiar y estás dispuesto. Insisto que la disposición al cambio es el motor que hará que realices y tengas éxito en el cambio.

Puede que no encuentres sentido a tu vida actual o la forma de hacer un cambio positivo y duradero. ¡Puedes hacerlo posible, ahora!

Ahora, ya sabes que todo es posible. Hay cientos de posibilidades esperándote, solo tienes que elegirlas y aceptarlas con amor y agrado.

Los únicos cambios que duran son los que te propones hacer para ti mismo desde el interior. No se trata de cambiar para complacer a los demás, sino que se trata de complacerte a ti. Eres la persona con quien vas a vivir toda la vida, así que, quiérete, mímate y cuida de ti. Nadie lo va hacer por ti.

Nadie puede hacerte feliz si tú no lo eres. Si no te aceptan tal como eres, pregúntate si te aceptas, si te gusta cómo eres y si es así, no cambies por nadie. Recuerda que todos somos espejos de todos y lo que no te gusta de otra persona es lo que has de trabajar contigo.

Hay tanto que aprender, tanta gente que ayudar, tanto por conocer...

La vida es la mejor escuela motivacional y de superación personal que he visto, vivido y conocido y en la que cada día, practicando y experimentando, aprendes cosas nuevas.

Si quieres observar y escuchar atentamente y estás dispuesto a aprender, lo puedes aprender todo.

Además, la vida te enseña sí o sí, por las buenas o por las malas, depende de cada persona, pero siempre se acaba aprendiendo unos en mayor medida que otros. Aquí el factor decisivo para aprender, y por supuesto crecer, es estar dispuesto a cambiar y permitir el cambio y querer aprender.

Yo creo firmemente que la vida es divertida y que nos merecemos ser felices, de hecho elegimos venir al mundo físico para ser felices y disfrutar de la diversidad, del contraste y de la abundancia y bienestar que son nuestro derecho de nacimiento.

¿No crees que vivir sin disfrutar de la vida es una verdadera locura?

Sí, tú has elegido estar aquí, venir al mundo físico a disfrutar de la diversidad y el contraste. Has elegido venir a esta realidad dual de espacio-tiempo. Debes recordar (si lo deseas, ya que disponemos de libre albedrío) que eres un ser espiritual en un mundo físico y no al revés.

Somos seres espirituales que hemos elegido una experiencia en el mundo físico. Podemos reaprender, es decir, desaprender lo aprendido, mediante un cambio en la consciencia y volcarnos en conocer la verdad de quiénes somos y cuál es nuestra misión, ¡para lo que estamos aquí! Cada uno tiene su misión.

Para mí la principal y la común (que podríamos hacer todos) es ser feliz.

Cada uno puede y debe decidir y elegir lo que quiera, esto es importante saberlo, ya que no tenemos por qué tener una vida de limitaciones o carencias.

Lo que quiero que sepas es que tú puedes crear la vida que desees y elijas para ti.

Somos seres eternos, hemos vivido muchas vidas y hemos de vivir muchas más. En esta maravillosa escuela de la vida venimos a aprender y a desarrollar nuestros dones y talentos y a ayudarnos unos a otros. Llegamos con bienestar y estaría muy bien conservarlo cada día de nuestras vidas hasta que abandonemos este planeta. Y otra vez a empezar y a crecer y a aprender…

Nosotros somos seres eternos y cambiantes, las situaciones no son eternas, pero sí son cambiantes. Ama el cambio. Ahora con la actual "crisis" es una buena oportunidad de cambio. Fluye con el cambio, fluye con la vida.

Sé tú. Eso es lo más bonito y lo más natural de la vida. Disfrutar de la vida a través del cambio.

Recuerda que no tienes porqué centrar tu atención en tu situación actual, la vida es cambiante, tus circunstancias son cambiantes, nada se detiene, nada se para, todo está en constante movimiento y cambio;

por eso, cuando conscientemente observes tu vida, no creas que será "eterna" esa situación que no quieres.

Simplemente has de concentrarte en lo que sí quieres. Esta misma situación se te puede mostrar con diferentes "disfraces" para ver si has aprendido la lección. Luego, aprende y disfruta de los errores. Bendice y agradece los errores, ya que aprendes de ellos y te hacen crecer y ser más fuerte.

Lo que ocurre en tu vida actual no tiene que ser para siempre ni te lo va a solucionar nadie. Eliges tu lo que quieres crear. Todo el tiempo eliges todo lo que hay en tu vida.

LO QUE CREES, LO CREAS.

Recuerda siempre ***PENSAR A LO GRANDE.***

Si quieres que tu situación actual cambie, has de cambiar interiormente primero. Has de ver la situación como quieres que sea y no como es actualmente. (ESTHER Y JERRY HICKS)

Solo tú puedes cambiar tu experiencia, tus circunstancias y por lo tanto, tu vida. Cambias tu vida a través de tus pensamientos y sobre todo tus sentimientos. Lo más importante es que cambias tu vida desde el interior. Toda sabiduría procede del interior y no del exterior.

Cuando piensas que todo depende de lo externo estás a merced de las situaciones, personas, cosas y esto no funciona así. Tú eliges, tú decides quién eres, qué quieres ser, hacer, tener y hacia dónde quieres ir. Solo tú lo sabes y nadie más.

ERES EL CAPITÁN DE TU BARCO. EL RESPONSABLE DE TU VIDA ERES TÚ Y NADIE MÁS.

CREAS LO QUE CREES, SIEMPRE FUE ASÍ Y SIEMPRE LO SERÁ. AHORA ERES CONSCIENTE DE ELLO.

Este libro es para que seas consciente y observes y escuches atentamente lo que te dices. Trátate siempre con amor y respeto, así atraerás a tu vida personas y situaciones que serán respetuosas contigo y te amarán.

Rodéate de personas positivas y optimistas, personas que te puedan apoyar y no hundir. La energía es contagiosa, tanto la positiva como la negativa. Así que mejor que sea positiva. Tú eliges.

EN TODO LO QUE TE CONCENTRES, SE EXPANDIRÁ Y SE MANIFESTARÁ EN TU VIDA.

Solo tú te conoces a ti mismo, solo tú sabes cómo te sientes en una situación o en un determinado momento, tú y nadie más.

No delegues tu vida ni tu responsabilidad a los demás. Es solo tuya. Tampoco estés a merced de lo que piensen de ti, no tienes que demostrar nada. ***LO ERES TODO.***

Los sentimientos y los pensamientos emiten vibraciones y frecuencias y estos tienen un enorme potencial para cambiar tu vida, literalmente reciben una señal paralela que vuelve hacia ti, es como un boomerang. La Ley de la Atracción está ahí para que así sea. Es, desde luego, tu mejor aliada, como la Vida.

La Ley de la Atracción esta ahí para atraer hacia ti todo aquello que deseas (y lo que no deseas), por eso insisto en que siempre has de centrarte en lo que deseas y no en lo que no deseas, ya que aquello a lo que prestas atención acaba manifestándose.

Sabiendo esto ¿en qué prefieres centrar tu atención, en lo que quieres o en lo que no quieres?

Mi intención y mi objetivo primordial escribiendo este libro es ayudar a todas las personas del mundo a que sean felices y que sientan el bienestar que se merecen y a que sean conscientes de la vida en el único momento que vale la pena vivir: AQUÍ Y AHORA, DISFRUTANDO DE SER.

El bienestar es nuestro derecho de nacimiento. Hemos nacido para ser felices, para vivir una vida plena y dichosa. Nos la merecemos.

Deseo de corazón poner mi granito de arena y colaborar a que, además de que todos seamos uno, seamos todos juntos felices.

Gracias por acompañarme hasta aquí, en este viaje, espero y deseo que tengas una vida muy feliz y abundante, próspera y fructífera en todas las áreas de tu vida. Te deseo todo lo mejor de la vida. *Y ASÍ ES.*

GRACIAS

María López Navarret
marialopeznv@hotmail.com

LIBROS Y AUTORES RECOMENDADOS

- *RHONDA BYRNE "EL SECRETO" Y "EL PODER".*

- *TODOS LOS LIBROS DE LOS MAESTROS QUE SALEN EN "EL SECRETO" (JOE VITALE, DR. JOHN F. DEMARTINI, MARCI SHIMOFF, JACK CANFIELD, NEALE DONALD WALSCH, JAMES ARTHUR RAY, JOHN GRAY, BOB DOYLE,...).*

- *ESTHER Y JERRY HICKS, "LA LEY DE LA ATRACCIÓN", "PIDE Y SE TE DARÁ", "EL DINERO Y LA LEY DE LA ATRACCIÓN". Y TODOS LOS LIBROS QUE TIENEN...*

- *RAIMON SAMSÓ, "EL CÓDIGO DEL DINERO", "CITA EN LA CIMA", TODOS SUS LIBROS, CURSOS Y SEMINARIOS.*

- *MARI CARMEN NAVARRO MILLÁN, PÁGINA WEB "AVANZAR PASO A PASO", BLOG Y CURSOS. COACH DE ALTO RENDIMIENTO.*

- *W. TIMOTHY GALLWEY, "EL JUEGO INTERIOR DEL TENIS".*

- *LOUISE L. HAY, "USTED PUEDE SANAR SU VIDA", "EL PODER ESTÁ DENTRO DE TI" Y "SANE SU CUERPO"... Y MUCHOS MÁS.*

- *ERNEST HOLMES, "LOS PENSAMIENTOS SON COSAS", "ATRAER LA RIQUEZA Y EL ÉXITO".*

- *SHAKTI GAWAIN, "VISUALIZACIÓN CREATIVA".*

- *GENEVIEVE BEHREND, "TU PODER INVISIBLE".*

- *NAPOLEÓN HILL, "PIENSE Y HÁGASE RICO".*

- *WALLACE D. WATTLES, "LA CIENCIA DE HACERSE RICO".*

- *CHARLES F. HAANEL, "LA LLAVE MAESTRA".*

- *ECKHART TOLLE, "EL PODER DEL AHORA", "EL SILENCIO TAMBIÉN HABLA" Y TODOS SUS LIBROS.*

- *TALANE MIEDANER, "COACHING PARA EL ÉXITO".*

- *WAYNE W. DYER, "EL PODER DE LA INTENCIÓN", "TUS ZONAS ERRÓNEAS" Y TODOS SUS LIBROS.*

- *FOUNDATION FOR INNER PEACE, "UN CURSO DE MILAGROS".*

- *NEVILLE GODDARD, "LA FE ES TU FORTUNA".*

www.ingramcontent.com/pod-product-compliance
Lightning Source LLC
Chambersburg PA
CBHW071238130726
47998CB00003B/997